JN410604

차향이
절로절로

차향이 절로절로

보혜스님 시집

세종출판사

머리글

느릅나무 그늘이 고마운 계절에 네 번째 시집을 발간하며
차 한잔에 담아온 소담한 글들을 꺼내어 봅니다.

僧으로서 茶禪一如를 아는 차인의 삶도,
글로 마음을 표현할 수 있는 시인으로 살아가는 삶도
행복임을 아는 지금

耳順의 길에 접어드는 길목에서 세상 순리에 귀 기울이고
법의 소리에 마음을 녹여 법문 한 귀절 올립니다.

차향이 절로 절로 세상에 퍼지고
차향이 절로 절로 법성에 울리기를

願以此功德 普及於一切 我等與衆生
當生極樂國 同見無量壽 皆共成佛道

2022년 5월 좋은 날
통적. 보혜 합장

차례

제2장 최상의 꽃

제3장 천진불

제4장 홀연히 차를 마시며

제5장 업의 시간

제1장

향 끝에 머무는 인연

향연 무

하얀 운무가
승무 같다

옷자락에 핀
인연 연기
향 끝에 머문다

사람

사람을 믿는 건
어려운 일

사람을 못 믿는 건
슬픔이다

말

시나브로 한 말

입이 철들 때는
언제인가

참사람

긴 시간
혼자만의 길

無言의 소리로
가려낸 眞사람

살아온 선물이다

동행

동행은

한 생각으로 걷고
한마음으로
향기를 피우는

몸부림이다

인연

막을 수 있는가

흐르는 시간도
통하는 마음도

인연이 닿는 곳에서
열리리니

가는 대로 두어라

인생

잠시 왔다 가는
비처럼

인생도
빌려 쓰고 두고 간다

법문

마음에 머무는 말씀

'물은
배를 띄우기도 하고
엎어치기도 한다'

두 갈래 길
언제든 길은 열려있다

마음 1

천공을 얻었더니
바람도 구름도
내 것이네

마음 2

새 소리도 좋고
바람도 좋다

마음은
마음이 안다

마음 3

차 한잔에 우린 마음

담고 비우고를
골백번 해도
부족하지 않고

청정은
생활에서 얻어진다

세상사

세상사는
장담할 일이 아니다

때로는 실수도
우연히 덤으로

인생은
그런 것이더라

일기일회一期一會

삶의
모든 만남은
평생에
단 한 번의 일이다

그래서
정성을 다해야 한다

질서

“질서가 무엇인고”

“인간을 배려하는 것이에요”

초등학교 1학년
아이의 말에
순간이 멎었다

가야의 숨소리

가야의 숨소리는
살아있다

바람은 알려나
허씨 왕후 온 곳을

아유타 공주는
열 명의 왕자도
낳았건만

역사는
온 곳을 모른다

어디서 왔는가
허황옥 시조여!

가야사는
말이 없어도

역사는
깨어나기 시작한다

제2장
최상의 꽃

연륜

"못난 소나무가
산을 지킨다"고 했다

약지 못한 이가
곁에 남듯

연륜이 깊어지면
진심한 사람을 얻는다

새옹지마

잘못 들어선
길목에서
기막힌 풍광을 만난다

인생사
새옹지마라

정한 이치가
어디 있으랴

화두

"눈 속에 핀 동백처럼
고고하게 살아라"

큰스님 말씀
돌부처에 새긴다

바다

변화무쌍한
바다

묵언을 아는
도반이다

순리 1

가을이 마른다

입동은
순리에 따르고

인생사도
그리해야 한다

순리 2

반쯤 감기는 눈
책장을 덮는다

목도 뻐근
눈도 아물
늙음이 곁에있다

지천명의 뒤안길에
이치에 통달하고

들은 대로 이해하는
이순을 맞는다

변덕

계절은 사계절

사람 마음은
열두 계절

시거든 떫지 말라는
옛 어른 말씀이
낙엽 위에 물든다

어둠

어둠은
얼마나 어두워야
자기 빛을 알까

가을

코스모스 피는
가을이다

가을풍에 우는
갈대 길을
마음이 따라 걷는다

동백

입 다문 동백이
동지섣달 긴 긴 밤을
하소연한다

백설도 찾아오고
찬 서리도 만나며

속앓이 설움을
붉은 꽃에 피운다

최상의 꽃

꽃은 종합 예술

고를 때의 행복
꽂을 때의 기쁨

최고의 꽃꽂이는
마음을 꽂을 때다

달의 지혜

달을 중심으로
빛은 사방에 퍼진다

자신이 중심이 되어
선한 빛을 비추라는

달의 지혜를
배우는 밤이다

장미

5월의 장미
과연 여왕답다

붉은 꽃잎
가시로 보호하고

여린 마음
숨기는구나

좋은 날

화창한 날
동백이 웃었다

통도사 꽃문학축제는
시화로 피고

황태찜의 인연 밥상
이무정산 고수차도
정성 공양이어라

푸념

노을에 익은
푸념이
서산에 걸리고

벌레 먹은
감잎의 마른 속내가
갈바람에 흔들린다

텅 빈 삶이
세월에 메달려
허무를 토한다

새벽 바다

비경이 감싸는
감포 바다

시인 묵객도 울고 갈
비경의 윤슬

쪽빛의 실 파도가
겨울 바다에
살을 맞대고

갈매기 한 마리,
그리움 하나 지나간다

제3장

천진불

무소유

필요하지 않은 것을
가지지 않는 것이다

도道

길을 건넌다

香道
茶道
藝道
花道
武道
法道

모두가 일불
마음을 건넌다

도향

두 손에 담은 도향
코끝에 앉아

내려놓으라
내려놓으라

소리 없이 말을 하네

서인 상좌

밤새 그린 그림을

“이 그림 저주세요”

새 캠버스 사주며
거래하는 상좌

수지맞는 장사에
사제의 정 깊어진다

묘음

관음이 소리 없는
말을 할 제

들음 없이 듣는
남순 동자

묘음을
그대도 아는가

천진불

혼자만의 생각을
우려도 좋을 밤

보배로운 지혜는
통적한 청기를
마시고

천진불이 된다

향도

香道로
禪을 그린다

고요함은
어디로 흐르는가

버리고 또 버린다

진신사리

텅 빈 자리에
부처가 웃는다

극락

단단했던 마음이
형체가 없다

극락은 내려놓은
마음에 있다

무심

하루에는
태양도 뜨고
달도 뜬다

해가 지면
달이 뜨는 것 같아도

무심으로 보면
우주 법계 한 곳이다

나한

법당에서
마주친 나한님

약물의 호리병은
누굴 위한 걸까

기원

극락전 처마 끝에
매달린 소원은

용두를 타고
천상에 오른다

비움

삶은
바람인데

어디서 불까

가부좌 틀고
밤새 물어도

비워진
마음만 못하지

만족

족함을 아는게
만족이다

피카소 마음

"나는 보이는걸
그리는게 아니라
느껴지는 것을 그린다"

추상파 화가는
마음을 보았구나

동백
– 낙화

동백이 낙화한다

한 떨기 丹心
법신 공양하네

소명 공덕을
부처님은 아시리라

심여철석心如鐵石

백년의 유서 깊은
사철탕관

心如鐵石

탕관에 새겨진
삼국지의 의리

마음이
쇠와 돌 같아라

제4장
홀연히 차를 마시며

차향이 절로절로

님을 만나서
인연을 나누고

다우의 정
향기로웠지

녹, 백, 황, 청, 홍, 흑
여섯 애인들

하루도 없이는
살 수가 없어

그대의 차향을
절로절로 부른다

다예촌의 설경

울진 십이령보부길
2.6평 다예촌 설경

시린 물
삼베 같은 실 얼음

눈밭 사이
눈꽃이 핀 금강송

백설의 바위
선정에서 깨어난다

향연

좋은 향은
인연을 부른다

오늘은
누가 오려나

다식

밤새워 물들인 다식
귀한 선물이다

시간 내어 온 걸음
정성까지 따라오니
선재 선재로다

본성

본성이 좋은
사람과 차가 어울려야
맛이 나지

인생사도
그러면 좋겠다

향산재香山齋

발길 닿고
마음 닿는 곳이 있더라

차향 천리를 가고
향무 만리를 울렸는가

영실의 석간수
숯불 위에 울어대고

향로에 피운 인연
향산재에 익는구나

연륜

찻물 소리에
지혜를 듣는다

대홍포

바위틈에서 자란
6그루의 모수

세상 차인들 부른다

비 내리는 오후
창을 두드리는 암운은
그리움 부른다

만리향

만리향이
향을 흩날린다

인연은 어디 가고
향만 남았나

거리 두기로
공기는 맑아졌고
세상에 공짜는 없더라

동방미인

차 맛이
동방의 미인을 닮아
붙여진 이름

무이산에서 태어나
대만 신죽현으로
이민 왔던 백호오룡

농익은 숙녀처럼
요염한 탕색

유기농의
귀한 몸이어라

백호은침

담담하게 차를 우린다

은빛 바늘 같은
하얀 솜털이
찻물을 희롱하고

은은한 단맛

겹겹이 숨겨진 향기
찻잔에 스며든다

보았네

홀연히
차를 마시며 보았네

차도 영물
사람도 영물

다선삼매

다관에 감로 다려
뉘에게 바치리까

명전의 찻잎 풀어
중정의 뜻 바치오리

오미가 혀를 감아
향적 세계 노니 우고

홀연히 사룬 향은
허공 속에 옥로 된다

헌다

차심을 담아
정성 다려

향심을
불전에 올린다

수선화

제주도 금잔옥대
추사가 사랑한 수선화

다실 당호는
수선화실이었지

향의 소리
즐거움은 내 몫이다

도반

바다가 부른다
쉬어 가라고

등대는
내려놓으라 한다

까만 밤

밤하늘을
홀로 보는 날은
쓸쓸한 날

밤바다를
홀로 보는 날은
그리운 날이다

송빙호

90살 송빙호
산전수전의 세월

농익은 기품은
이름값을 하고

세상을 통달한 맛
복 받은 오감이다

제5장

업의 시간

약속

꿈에서도
지켜야 한다고
그래서 약속이라고

깨어질까

단단히 맺고 묶었기에
약속이라 한다

마음 공양

마음 공양을 하지

입 지은 공양은
윤회를 거듭한다

자비

어떤 이의 자비는
좋을 때,
알아줄 때 하고

최상의 자비는
시나브로 한다

업의 시간

전생
이생
억겁의 시간

후생은
이생의 끈

지금은
후생의 거울이다

초혼

달빛에 수놓은 바다

등대는
누구를 기다릴까

섬섬옥수의 그리움을
구름이 질투한다

반야바라밀

이래야 하나
저래야 하나

심무가애 무가애고
원리전도몽상 구경열반..

간절한 심정
반야바라밀다에 새긴다

언벌런스

색색의 단풍이
빗줄기에 우는 날

오디오에 들려오는
신중현의 봄비

세상이 이미
언벌런스하다

처사견들

영리한 청량
착한 쿠키

죽음의 문턱을
넘나든 두 반려견

존재 만으로
감사하다

엄감생심

3번째 수술
안락사를 언급하는 의사

엄감생심
살아있는 생명인데

우직한 친구

곁에 있어 준
시간이 적어

14년 세월
다 알지 못했다

업둥이로 왔어도
얕지 않은 정

가는 날엔
순서가 없구나

떠나는 날

마지막 영양죽을
삼키지 않는다

회향을 하려나보다

빈자리

쿠키의 빈자리
쓸쓸하다

정이
남아 있었던 게다

코로나19

거리 두기 4단계
저녁 9시 4인 대면
언제 풀릴까

빈 공간에
혼자다

마스크

훈장 같은
마스크

입으로 지은 죄
많았나보다

| 해설 |

응축의 시학

정영자 | 문학평론가, 한국문인협회 고문

보혜스님은 2011년 『문학과 문학타임』 겨울호로 문단에 데뷔하여 첫시집 『마음에 연꽃피고』(2011), 두 번째시집 『마음을 보았는가』(2018)를 상재하였다.

허무로 가득한 공空의 세계를 생산적이고 창조적인 세계로 지향하는 넉넉함을 보여주고 단순명료하게 직설적인 서술로 풀어가는 법문형식의 시적 흐름은 불가의 시적 공간을 잘활용하고 있다. 허무를 창조로 가득찬 역동의 세계로 표현한 시의 세계는 어렵지 않아 누구나 접할 수 있는 친근감이 있다. 부처님을 섬기고 다도를 곁들여 중생과의 다담을 통한 정진과 수행으로 그의 시는 바탕되고 있다. 문화사찰로서의 적극적인 포교활동은 머무는 고요함이 아니라 어울리며 함께 하는 만남의 광장을 만들어 오고가는 길목의 책과 차가 있는 카페의 역할을 열어가는 활기찬 새로움을 보여주고 있다.

제3시집 『바람이 전하는말』(2019)에 이어 제4시집 『차향이 절로절로』(2022)를 상재한다.

이 번 시집에 이르면 시가 한결 짧아졌다. 단순 간결하지만 내용은 크고 넓다. 시는 길게 말하거나 지나친 수식의 능란한 단계를 넘어서서 쉽고 편하게 이해되어 독자들 곁으로 성큼 다가서고 있다. 요설처럼 현란한 수식어가 없어지고 지루하고 식상한 서사의 과도한 표현깃법을 지양하고 있다. 그 동안 시의 말을 따라 살며 시론의 계곡을 흐르다 언어의 많음이 결코 표현깃법의 능사가 아니었음을 성찰한 응축의 시학으로 발전되어 간다.

3장6구의 45자 내외의 시조 형식보다 더 짧은 시들이 많다.

세월 속에 만들어진 잠언형식의 시집이다.

잠언은 사람이 살아가는 데 훈계가 되는 짧은 말로 어떤 사상이나 진리를 예리하고 간결하게 표현한 어구다. 속담, 격언, 교훈, 우화, 비유, 비난, 웃음거리라는 다양한 뜻이 포함된다.

인생이 추구해야 할 삶의 지혜를 짧은 문장들로 소개된다. 때문에 잠언은 언제나 언어의 경제적 표현을 겨냥한다. 소설의 본질은 사실성에 있다면 시의 본질은 상징성에 있다.

산문은 어떤 정황을 논리적으로 분석하고 설명하지만 시는 그 감흥을 명쾌하게 요약·응축한다. 시는 '필요한

최소의 언어'에 만족한다. 때문에 수사적 장치가 필요했고, 그럴수록 생동감, 역동적인 표현이 되었다. 시의 역동성은 언어의 경제성에서 얻어진다. '생략과 암시'는 바르게 살아가는 지혜를 가르치고 훈계하는 데 철학적 깊이와 독자의 깨달음이 함께 하는데 그 목적이 있는 것이다.

기독교의 잠언이나 동양의 선시도 잠언형식으로 해석된다.

최근 들어 원로시인들을 중심으로 잠언같은 시들이 발표되고 그것은 철학적인 명문보다 독자들의 감동을 불러온다. 비틀고 애매모호하고 지나친 상징과 비유로 어려운 난해시의 시대도 보내면서 독자들은 세상의 피로를 단 몇 줄의 시에서 신선한 느낌을 즐긴다.

나태주의 시가 대표적이다. 단 한 줄의 시행을 사용한 정성수시인도 언어의 응축에 매료된 시인이다.

막을 수 있는가

흐르는 시간도
통하는 마음도

인연이 닿는 곳에서
열리리니
가는 대로 두어라

— <인연> 전문

불가에서 말하는 인연법은 구속없이 시공간을 오고가는 자연법을 기본으로 한다. 오고가는 인연을 어떻게 막을 수 있겠는가. 인연 닿을 곳에 자연히 열릴 것이니 인위적으로 막지 말고 자연의 순리대로 무시무종의 시공간을 자유롭게 하는 불교적 성찰이 그대로 함축된 잠언같은 노래다. 이미 수사적 기교는 선시의 영역을 초월한 것이다.

"나는 보이는걸
그리는게 아니라
느껴지는 것을 그린다"

추상파 화가는
마음을 보았구나

— <피카소 마음> 전문

몇 년전부터 스님은 서양화를 배우더니 지금은 상당한 수준으로 그림을 그리고 있다. 가끔 그려둔 그림을 보면 서양화에 대한 천부적 재능을 가늠하는 놀라움을 가졌다. 보이는 것을 그리는 것이 아니라 느껴지는 것을 그리는 가시적 세계와 불가시적 세계의 경계를 자유롭게 넘나들고 있는 것이다. 그의 시에도 보이는 것보다 보이지 않는 마음의 세계를 유영하며 선시적 풍모를 보여왔다. 그림과 언어가 다름이 있는 것이 아니라 시적 세계와 그림의 세계 또한 보이지 않는 세계의 가시화가 표현깃법이라고 말

할 수 있을 것이다.

님을 만나서
인연을 나누고

다우의 정
향기로웠지

녹, 백, 황, 청, 홍, 흑
여섯 애인들

하루도 없이는
살 수가 없어

그대의 차향을
절로절로 부른다

— <차향이 절로절로> 전문

'절로절로'는 부사어로 종결됨으로써 여운을 주고 있는 표현이다.

자연의 순리에 따라 표현된 '절로절로'는 송시열의 시조 〈청산도 절로절로〉에서 7번이나 나온다.

이 시조의 주제인 동시에 계기가 되어 있는 것은 '절로절로'로 이끈 '자연'이다. 청산青山의 푸르름이나 녹수綠水의 푸르름 및 그 흐름 속에 자연을 설정한다. 곧 모든 것은 자연으로 이루어지고 자연의 섭리 속에 변화를 계속하는 것이다. 〈차향이 절로절로〉에서 'ㄹ'음의 탄력성과 유음流音으로서 물이 흐르는 것 같은 느낌을 주기 때문에, 경쾌한 리듬을 창출하고 있으며 시의 주제와 절묘한 조화를 이루는 표현의 묘를 획득하고 있다.

다인들이 만나서 우정을 나누며 매일같이 마시는 그대의 차향이 저절로 그립고 절로절로 그대를 불러 함께 하고자 하는 일상의 소망을 노래하고 있다.

자연 속에서 자연의 흐름대로 살고 늙는, 모든 것을 자연에 맡기는 호방함이 있다. 절로절로는 저절로의 뜻도 있지만 절에서 간절히 회향하고자 하는 스님의 청량사 내원을 바라는 함의도 있는 것 같다.

족함을 아는게
만족이다

— <만족> 전문

바다가 부른다
쉬어 가라고

등대는
내려놓으라 한다

— <도반> 전문

잠시 왔다 가는
비처럼

인생도
빌려 쓰고 두고 간다

— <인생> 전문

히브리 시詩는 대구법으로 이루어져 있다는 데 가장 큰 특징이 있다. 잠언 역시 아주 많은 부분이 대구법 형식으로 이루어져 있다 두 행行의 차이점을 대비시켜 극명하게 대조시키는 형식이다. 이런 형식은 대개 '그러나'라는 접속어를 사용하거나 함축하고 있다.

두 행의 유사점을 비교하여 강조하는 형식이다. 이런 형식은 '· · · 처럼', '· · · 보다 더'란 의미를 함축하고 있다. 부연 설명하여 앞의 행行을 보충 내지 보완하는 형식이 있다. 여기에는 '그리고'라는 표현이나 의미가 함축되어 있다.

잠언은 마치 수많은 구슬들이 여기저기 널려 있는데 그 구슬을 꿰어서 보석 목걸이를 만드는 것과 같다. 진리의 알갱이들이 무질서하게 있기 때문에 처음에는 잘 정리가 안되지만 구슬이 서말이라도 꿰어야 보배라고 하는 말과 같이 진리의 구슬들을 잘 꿰면 진리의 목걸이 생명줄이 된다.

그러면 어떻게 잠언에 있는 구슬들을 꿸수 있는가?

인생이란 시간을 오랜 기간동안 진실되게 열심히 살아온 사람들이 넘어지고 일어나며 분노와 사랑의 계곡을 넘

어 비로소 깨달아 가는 삶의 지혜를 가지게 된다. 관계와 시간이 필요하다

잠언은 사람의 마음을 씻어내는 가르침이 들어 있다. 그리고 아무리 오랜 세대가 반복이 되어도 적용이 될 수 있게 만들어져 있다.

기교 배제의 쉬운 시, 자신의 삶이 배어 있는 '이야기'가 있는 시를 써 왔다. 쉬운 시에 대하여 말들이 분분했지만 친근한 서정의 고독과 만남의 순수는 독자들의 절대적인 사랑을 받았다. 이즘이나 에콜에 대한 기교적인 것을 외면하며 독자들을 확대하는 역할을 충실히 하는 것도 이 시대 시인의 사명이라고 본다.

한 세월 세상을 살고 아무거리낌 없이 술술 풀린 말이 아니라 절제된 자기 고백, 자기 다짐, 자기 결산의 축약된 뜻이 아우러진 시를 자화상 시라고 말할 수 있다. 이런 의미에서 보혜스님의 시는 잠언의 형식을 취한 자기 치유내지 대중을 향한 법문형식의 시라고 말 할 수 있을 것이다.

보혜스님 시집
차향이 절로절로

초판1쇄 발행 2022년 6월 23일

지은이 보혜스님
펴낸이 이길안
펴낸곳 세종출판사

주소 부산광역시 중구 흑교로 71번길 12 (보수동2가)
전화 463－5898, 253－2213~5
팩스 248－4880
전자우편 sjpl5898@daum.net
출판등록 제02-01-96

ISBN 979-11-5979-516-9 03810

정가 10,000원